GW01459328

Krystyna Stevenson

Wierszyki
dla mojej
Wnusi

Put into English verse (from Krystyna Stevenson's word to word translation) by Judy Karbritz

Illustrated by Mari l'Anson

First Published in 2015 by Krystyna Stevenson

Put into English verse (from Krystyna Stevenson's word to word translation) by Judy Karbritz.

Illustrations by Mari l'Anson, (from Krystyna Stevenson's photographs and ideas).

Editing and design by Krystyna Stevenson.

Printed by JG Bryson Printer.

ISBN 978-0-9933633-0-6

For Darling Saskia,
to improve her Polish.

With all my love,
Baba.

These two pages are for you to write your own poem
with your own illustrations when you are ready for it.

A SMALL CLOUD AND A LADYBIRD

There was once a small cloud,
White and soft as a lamb.
It covered the sun so beautifully
For Saskia to sleep so peacefully.

There was also a ladybird
Who always smiled at the sun,
She liked moving her small wings,
Loudly singing happy things...

When the sun was shining bright
Sleeping was not on her mind;
She wanted to sing and fly away,
Specially in the month of May.

Because it was time for dancing,
Happiness, fun and romancing.

Ladybird and cricket dancing,
Wildly grinning at the sun,
Grandpa, Grandma jump about,
Saskia, Mum and Dad all shout!

CHMURKA I BIEDRONKA

Była sobie chmurka mała,
Jak baranek miękka, biała.
Słonko pięknie przykrywała,
Aby Saskia dobrze spała.

Była sobie też biedronka,
Usmiechała się do słonka,
Skrzydełeczka miała dwa
I śpiewała: "tralala."

Gdy słoneczko przyświecało,
Wcale się jej spać nie chciało;
Chciała śpiewać, lecieć w las,
Zwłaszcza, gdy był letni czas.

Bo cieplutko wtedy było
I przepięknie się tańczyło.

Tańczy żuczek i biedronka,
Usmiechając się do słonka.
Tańczy dziadek i babunia,
Tata, mama i Sasunia.

ARE THERE GREEN GIRAFFES?

Benik got hiccups, what a laugh!
His eyes like saucers watched a green giraffe.
His little girlfriend Saskia gave it to him
But she is so cute and clueless, that's no sin
Besides, her knowledge of giraffes is pretty thin.

Then Grandma, who's one clever dame,
Gives her a pink one just the same:
An expert on giraffes, as everything,
Her photographs reveal that fact within.

You think that giraffes are terribly sweet,
Lions just see them as food they can eat.
Beautiful giraffes by us are adored
But the circle of life cannot be ignored.

For breakfast a lion may eat at least six,
Giraffes are not tasty like your Weetabix,
They vanish inside and leave not a trace
Except for a smile on the king lion's face.

Children are literal, believe what they see:
Don't think a giraffe is as tall as a tree
But small as a hedgehog, the size of a toy,
Not big as a wardrobe; their dreams we destroy?

Though children may think miracles abound
But mainly it's mud that is to be found.
We ignore the dark clouds, the rainbows we show
But life's full of both; they will all quickly know.

CZY ISTNIEJĄ ZIELONE ŻYRAFY?

Benik dostał dużą czkawkę,
Gdy zobaczył tę żyrafkę.
Saskia taką mu przysłała;
Będąc sama całkiem mała,
Na żyrafach się nie znała.

Babcia jej różową dała,
A Babcia wszystko wiedziała
Na tematy egzotyczne,
Bo Babcia ma zdjęcia śliczne
Z różnych egzotycznych miejsc,
Gdzie lwy zjadły żyraf sześć
Na śniadanie zaraz z ranka
I została tylko plamka.

Dzieci wizja kolorowa
Na świat piękny jest niezdrowa;
Gdy zobaczy żywy zwierz,
To pomysli, że to jeż...

A to właśnie jest żyrafa,
Trochę większa niż ta szafa,
A że nie jest kolorowa,
Ben zapyta: "Czy to krowa?"

Dzieci myślą świat jest cud,
A to tylko zło, i brud;
Realizmu dać im trzeba;
Z tęczy tylko kłopot, bieda...

SWIMMING LESSONS FOR A FUTURE PRIME MINISTER

Two little boys had adventures so brave,
Fought pirates and freed every one of their slaves.
Fire-breathing dragons were stabbed and lay dead
But needless to say this was all in their head.

Their real-life adventure was when they both swam,
More fun for children than school or exam.
All England took this sport close to its heart
And even young Saskia loved to take part.

Saskia swims once every week
But the boys more often practice technique;
Like fish in the water, they dive and they float,
Swimming as fast as a big sailing boat.

These little boys are still very young,
Neither can walk, their lives hardly begun,
Though in water they dance as if at a ball
And Grandma shouts:, "You are the best of all"

You could lead anyone as Lords of the Dance.
Work hard and never give up any chance.
Maybe Prime Minister one day will be you
And that's an adventure that soon could come true.

LEKCJE PŁYWANIA DLA PRZYSZŁEGO PREZYDENTA

Dwóch przyjaciół małych było.
Przygód moc się im już śniło.
Czas jest właśnie na przygody,
Kiedy jesteś bardzo młody.

Więc zaczęli od pływania;
Tego sportu wielka mania
Ogarnęła Anglię całą,
łapiąc nawet Sasię małą.

Ona pływa tylko w piątek,
Ale chłopcy na początek,
Dwa dni w każdy tydzień mają
Na te lekcje, więc pływają
Jak te rybki, już od rana,
A to tylko pierwsza zmiana.

Żaden chodzić wciąż nie umie;
W wodzie, jak na balu, sunie,
Jakby tańczył na parkiecie...
Babcia woła: "Super dziecię !
Wodzirejem musi zostać,
Tańcem polityce sprostać !
Prezydentem musi być,
Od dziś, zaraz, o tym śnić ! "

SASKIA AND THE MOON

Though dear little Saskia's not very old
Her intelligence is more precious than gold.
Though she won't be three for quite a while
The things she says make everyone smile.

I'll tell you a little story now
You may will say"'I don't know how
A little girl could be so logical".
People said it was almost comical.

Every night when we were in Spain
Saskia wanted to dance again and again.
She didn't want to go to bed
But loved to dance with us instead.

So I took her to her balcony
And pointed high so she could see
In the sky, the bright moonbeams
And said: "It's time for bed and dreams.

Cats and dogs and cows and sheep
Are getting ready to go to sleep,
All good children have now been fed
And their Mummies are tucking them up in bed.

Let Grandma tell a fairy tale
And stroke your head, we'll set a sail
Up to the stars and to the moon
And sleep with the Angels very soon".

Saskia's balcony faces towards the East.
Mine's West,so the moon's trail has increased
Comes early morning while I'm still at rest
Though Saskia is up and dressed.

She comes in my room, but far too early,
Expecting a welcome, my darling girlie.
She is playful, laughing and so full of glee
And I've not yet had my first cup of tea!

I lie in my bed, still fast asleep,
Snug in my duvet I do not peep.
I've not even opened an eye, as yet
But woken up by my little pet.

She's singing her songs up to the skies,
Bells ring as I open my eyes.
She dances around and tells me to wake
But it's so early I have a headache.

"It's still very dark, in the deep of the night".
Saskia doesn't listen and says I'm not right.
So together we walk to my balcony
And I lift her and say: " Listen to me,

The moon is still up in the sky,
Everyone is sleeping, and so was I".
But Saskia said, with her eyes opened wide
"The moon has gone, it's not on my side ! "

So that was what Saskia told me.
And she'd worked it out so logically.
And though some sleep I had to miss
I gave the child a loving kiss.

SASKIA I KSIĘŻYC

Saskia nasza całkiem mała,
Ale główka przewspaniała.
Latek jeszcze nie ma trzech,
A co powie budzi smiech.

Anegdotkę Wam opowiem;
-"Nie do wiary" – mówią , bowiem;
-"Aby będąc taka mała,
Tak logicznie już myślała".

Całe nocki w tej Hiszpanii
Saskia chciała tańczyć z nami,
Zamiast do łóżeczka iść,
Gdy się skończył wieczór dziś.

Ją na balkon wtedy brałam
I na księżyc wskazywałam;
-"Kiedy księżyc jest na niebie,
Wtedy sen już morzy ciebie,

Kotki, pieski zasypiają,
Do snu się też układają
Wszystkie dzieci, grzeczne, małe,
Wypijając mleczko całe.

Babcia bajkę Ci opowie
I pogłaszcze Cię po głowie,
Do gwiazdeczek pomachamy...
Z aniołkami zasypiamy... już."

Sasi balkon jest od wschodu.
U mnie księżyc - od zachodu...
Więc go widzę tylko z rana...
Kiedy Saskia ; już ubrana,

W mej sypialni się melduje,
myśląc, że ją oczekuję !
Jej swiergotu i zabawy,
...Gdy nie miałam jeszcze kawy...

W śnie głębokim pogrążona,
Kołderką otulona,
Nie otwieram nawet oka,
A tu ta maleńka sroka

Pod niebiosy wyśpiewuje,
Dzwoneczkami pobrzękuje
I do tańca jest gotowa,
A mnie jeszcze boli głowa.

-"Nocka wszędzie jeszcze głucha"-,
Ale Saskia mnie nie słucha.
Więc na balkon ją prowadzę
I do góry ją podsadzę;

-"Księżyc ciągle jest na niebie;
Wszyscy śpimy, proszę Ciebie."-
Tak jej mówię na balkonie...
-"...Ale nie po mojej stronie"-...

...Tak mi Saskia powiedziała !!!
Nie do wiary, ...taka mała... !
Tak logicznie pertraktuje,...
Że ją tylko ucałuję... za to...

MY GUARDIAN ANGEL

"My Guardian Angel, always there,
I know you're with me, everywhere.
From early dawn till darkest hour
You give me strength, I feel your power."

For once my Grandma didn't smile,
Not as she said these words worthwhile.
So serious as she would be praying,
Belief in each word she was saying.

So precious was this prayer I heard,
Not to betray a single word
With smiles or laughter but instead
I kept it safe, inside my head.

For in a flash I then could see
It came here from the galaxy,
The universe as one connected,
Which makes all children feel protected.
So every girl and every boy
Could live in world that's full of joy.

ANIELE STRÓŻU MÓJ

"Aniele stróżu mój,
Ty zawsze przy mnie stój,
Rano wieczór, we dnie, w nocy.
Bądź mi zawsze do pomocy."

Gdy to babcia powiedziała,
Wcale się nie uśmiechała.
Tak poważna wtedy była,
Jakby sama w to wierzyła,

Jakby miała mi przekazać,
Coś ważnego i nie zrażać,
Nie obrażać uśmiechami,
Aby wciąż zostało z nami,

Jak ten moment świadomości,
Który w nas z kosmosu gości,
Który łączy wszechświat cały,
By się dzieci uśmiechały
I szczęśliwe ciągle były
I w radosnym świecie żyły.

THE LITTLE BEE WHO DID NOT WANT TO BE A QUEEN

Once there was a tiny bee
So buzzing and amber and gold.
Her gossamer wings were pretty,
Which she didn't often fold.
She was a busy little bug
Collecting nectar from the flowers.
In storms or rain she gave a shrug,
For the sun shines after showers.

She was clever and friendly and nice from the start
So she woke up the loving in everyone's heart:
'Can we make her the Boss, or even the Queen?
She's so gracious and good and the best buzz we've seen.'
Messages flowed back and forth with the question,
As the Bee's Grand Council put the suggestion:

'Oh, wouldn't you, wouldn't you like to be Queen?'
She shook her head. 'Not on your nelly' she screamed:
'You have to dress pretty all day and smile
And you must be falsely sweet all the while.'
'And if with your favourite you share some kisses,
The whole country gets mad and everyone hisses.
You only can sit and get fat, a bored beauty,
There's nothing to do except doing your duty.
Then popping out eggs, that's the family we crave.
You love 'em and teach 'em all to beehave,
So we all make a bee-line for family glory,
Endless honours and gifts, the Queen of the story.
No, I am but a little worker bee,
I'm quite content to fly happy and free.
I zig-zag about, from flower to flower,
Gathering nectar from God, each minute, each hour.
Freedom and love you don't have if you're Queen;
FOR BEING IS SEEING AND NOT BEING SEEN

PSZCZÓŁKA MAŁA, KTÓRA NIE CHCIAŁA BYĆ KRÓLOWĄ

Była sobie pszczółka mała,
Bzykająca, złota cała.
Prążki miała brazowiutkie
I skrzydełka też malutkie.
Pracowniczką pszczółka była;
Nectar z kwiatków przynosiła.
Burzy, wiatru się nie bała,
Do słoneczka uśmiechała.

Taka była mądra, miła,
Miłość w każdym obudziła.
"Może zrobić ją królową;
Pięknie mówi polską mową ?"
I na wiecu się zebrali,
I pytanie przekazali:

"Chciałabyś być pszczół królową ?"
"Nie!" - odpowie, kręcąc głową -;
"Pięknie musi być ubrana
I uśmiechać się od rana.
Gdy ją chłopiec pocałuje,
To kraj cały krytykuje.
W ulu siedzieć i się nudzić,
Nie daj Boże się ubrudzić.
Tylko dzieci produkować,
Myśleć, jak tu je wychować,
Aby chlubę przynosiły;
Mamy, babcie się szczyciły.

A ja jestem pszczółka mała,
Fruwam sobie, w słońcu cała.
Popracować trochę trzeba;
Nectar zbierać-wola nieba...
Ale wolna czuję się;
NA SWIAT PATRZĘ TAK JAK CHCĘ!".

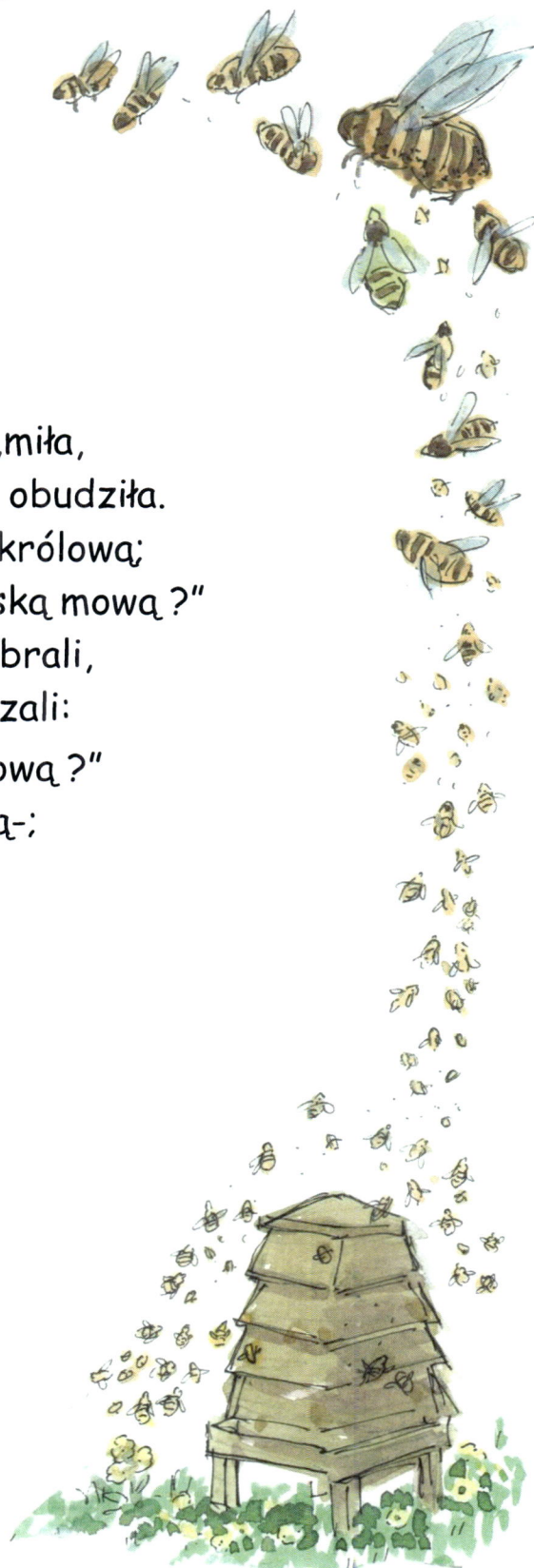

THE SPINNING TOP

I think that last night I dreamed of a top,
Spinning so fast, not wanting to stop.
The colours all joined as they spun on their ride
Until it slowed down and fell on its side.

From the yellow and blue and orange and red,
I started getting an ache in my head.
The spinning top was so shiny and bright,
I really had thought it would dance through the night.

Saskia we call her our own 'spinning top'
So we let her spin and don't make her stop.
We just try to give her pleasure and fun;
Our most wonderful girl under the sun.

Every granddaughter is a miracle, it's true,
Created for Christian, Muslim and Jew.
We praise our girl and worship before her,
Sending her gifts because we adore her.

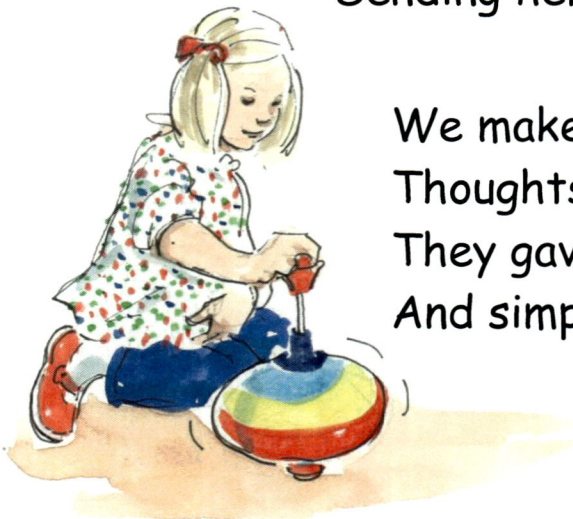

We make the poor child go crazy and silly,
Thoughts spin in her head, they go willy-nilly.
They gave her so much, her spinning grew wild
And simply because they all loved the child.

BĄCZEK

Czy to bączek mały był,
Co się całą noc mnie śnił?
Tak się dookoła kręcił,
Że się aż ogromnie zmęczył.

I na boczek się przewrócił.
I kolory swe zakłócił.

Bo był bączek kolorowy,
Od tej tęczy bolą głowy,
Tak błyszczący bączek był,
A tu nagle upływ sił ...

Sasię bączkiem nazywamy,
Sobą kręcić pozwalamy.
Byle tylko się cieszyła
I szczęśliwa z nami była.

Każda wnusia to zjawisko,
Bóg, Mohamed, z nieba wszystko.
I pokłony wciąż składamy,
Dary wszelkie przesyłamy...

"Biedne dziecko ogłupiają
I jej w głowie przewracają."
"Bączka nam zbałamucili,
Bo za dobrzy dla niej byli."

SMALL TIBETAN TEDDY

In the Himalayas, villagers there
Have no worries, not a care.
People smile and sing all day
Their lives in colour, not black and grey.
You'd have found me living there
A happy little Teddy Bear.

But then my life changed suddenly:
A girl, Krystynka, wanted me
To go with her, a world to travel,
New adventures to unravel.
She asked: "You lovely little Ted,
Would you like to fill your head
With sights and places unexplored?
I promise you never will be bored."

And even though I'm still the same,
Seen many countries I could name,
Met countless little girls already,
Who loved and called me little Teddy.
In different tongues I heard them say:
"Misio", "Miedvied" in a different way.
And though I haven't changed a lot
I'm not shy now, no, not a jot.

The rose tint too has disappeared:
My village is not what it appeared.
I see small houses that need repair
So I no longer love it there.
Nowhere seems a perfect place
For a Teddy Bear to show his face.
I see faults in everything
From tree and flower to butterfly wing.
My life before was so much the best,
Before I embarked on my worldly quest.
Didn't complain for I was unaware
And was a happy Teddy Bear.

TYBETAŃSKI MISIO MAŁY

W Himalajach są wciąż wioski,
W których nie ma żadnej troski;
Każdy chodzi uśmiechnięty,
Wyśpiewując jak najęty.
Tam nasz misio mały żył
I szczęśliwy całkiem był.

Nagle przyszła ta dziewczynka,
Nazywała się Krystynka;
I w świat wielki wzięła mnie,
Mówiąc, że ja tego chcę.
"Ty prześliczny misiu mały,
Chcesz zobaczyć świat wspaniały?
Będziesz ze mną podróżował
I się mamą opiekował."

Ciągle jestem ten sam mały,
Objechałem już świat cały.
Widziałem wszystkie krainy
I też przepiękne dziewczyny,
Które bardzo mnie kochały,
Nazywając: "Misiu Mały".
W różnych to językach było;
"Teddy", "Niedźwiedź"; bardzo miło.
Każda, która mnie poznała,
Wnet miłością zapałała...
Ciągle jestem misio mały,
Ale już nie tak nieśmiały.

Wioska moja już nie nęci,
Żyć tam nie mam wielkiej chęci.
Wszystko tam jest bardzo stare,
Domki prawie rozleciałe...
Dawniej tego nie widziałem
Bo tak wioskę mą kochałem...

Teraz tylko porównuję
I bez przerwy się główkuję,
Czy mam w wielkim świecie zostać,
Nic już mu nie może sprostać.
Życie tak spokojne było...
Teraz wszysko się zmieniło.
A tak dobrze wtedy miałem,
Gdy za dużo nie żądałem...

BALLAD OF TOMMY AND THE LITTLE HOUSE

In Madeira was a house quite small
And Tommy loved it best of all.
Each summer he would go and stay
With Daddy for his holiday.

Dad was architect, a house designer,
Plans painted with colours, few were finer,
Though this house was painted like he'd never seen
Better colours than he could even dream.

If only Mummy were with us now
She'd love this little house somehow.
She'd make it Dad's important mission
To design like this for his competition.

The windows are blue, the roof is straw
And red is painted on the door:
Like the wound that makes me sad
When my Mummy left my Dad.

Perhaps next summer when I come
To stay with Daddy, I'll bring Mum.
She'll love the house and want to stay
So we can laugh and joke all day.

'Such an absurd colour', Mum would cry,
'No, it is genius', Dad may reply
And then we'd laugh, it would be bliss,
For afterwards we all would kiss.

Daddy always gets so glum
When I want to go to Mum.
While he drives he feels so sad
That Mum and I don't love my Dad.
If they would take the boat or plane,
Come here together once again,
They'd fall in love as did before
And buy new house with bright red door.

BALLADA O TOMKU I O MAŁYM DOMKU

Był raz sobie mały domek,
Który bardzo lubił Tomek.
Domek ten zobaczył latem,
Na Maderze będąc z tatą.

Tato domy projektuje,
Okna, ściany koloruje,
Lecz kolory, co tu były,
Nawet mu się nie przyśniły.

Gdyby mama z nami była,
Taki domek by lubiła.
Tata by go narysował
I nagrody by skasował.

Domek ten jest strzechą kryty,
Lazur,granat niedomyty.
Drzwi czerwone jak ta rana,
Którą w serce dała mama.

Muszę mamę przywieść latem,
Może się pogodzi z tatą.
Gdy ten domek zobaczymy,
To się wszyscy rozbawimy.

Mama powie "Absurdalny",
Tata powie "Wprost genialny".
I się wszyscy będą smiali,
No a potem; całowali.

Tata cały zagniewany,
Kiedy mówię: "Chcę do mamy".
Gdy odwozi mnie do mamy,
Tata wie; jest niekochany.

Gdyby tutaj przyjechali,
Znowu by się pokochali:
Razem byśmy znowu byli,
Nowy domek zakupili.

HIDE AND SEEK

When the sun set in the sky,
Grandma said that she would try
To play a game of Hide and Seek
And promised not to even peek.
So Saskia did as she was bid,
Behind the piano quietly hid.

"I don't know what to look behind,
My little Saskia I can't find.
So who is going to eat her dinner,
While she is lost and getting thinner."

"I've carefully looked behind the curtain,
Beneath the table, and I am certain.
I've checked around the fireplace,
She's disappeared without a trace."

With dog then Granddad came back home,
He spoilt our play, it made us groan.
Behind the piano his pet straight ran
And found the child like all dogs can.

Next to the piano Saskia stood,
She held a bottle, that's not good.
For Grandad; much worse than it seems
In all of Grandma's wildest dreams.

If you think before was trouble,
Granddad will get more than double!

ZABAWA W CHOWANEGO

Raz wieczoru już mrocznego,
Zagraliśmy w chowanego,
Sasia weszła za pianino.
Babcia mówi: "Co za kino,
Komu ja kolację dam,
Zaginęła Sasia nam.

Gdyby głodna trochę była,
Już by się nam pojawiła."
A tu Sasia cicho siedzi,
Zza pianina babcię śledzi.

Już pod stoły zaglądają,
I kotary rozsuwają,
Już kominki są sprawdzone,
I fotele przemieszczone.

Ze spaceru dziadek wrócił,
I zabawę nam zakłócił;
Piesek pobiegł za pianino,
Dziadek za nim:
"Siedź, dziewczyno !"-
Tak do Sasi dziadek mówi...

Ale Saskia zaraz wstała,
I babuni BUTLE dała,
Która za pianinem była
I się babci nie przyśniła
                    ... (nawet)

"Teraz będzie straszne kino.
Wszystko przez ciebie, dziewczyno."

GODDESSES AND BRIBES

Three goddesses years ago
Quarrelled more than you could know;
About whose beauty was the best,
Until they all took Paris's test.

He has been to every place
And all have seen his handsome face.
The fairest one, we'll let him tell,
For he knows women very well.

But when he gave the greatest prize
He had been bribed, it was all lies.
Saw Helen whom he could adore
And this began the Trojan war.

Now, all this was in times long gone
And children you may think it wrong
To bribe for love, but on inspection,
Raspberries are traded for affection;

Grandma tries to outdo Mum
Giving many, not just some.
She wants her gift to be the best
So child loves her more than the rest.

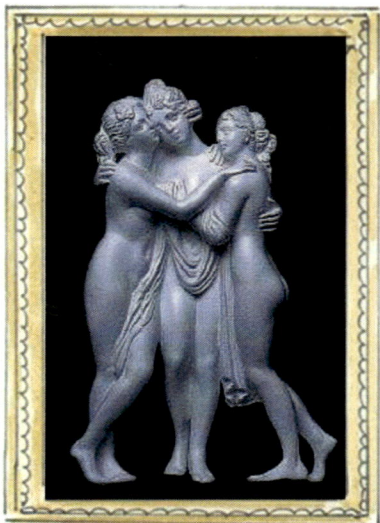

From tiny babes, young girls are taught
If you do nothing, you get nought.
And yet somehow we are surprised;
The world is based on bribes and lies.

BOGINIE I ŁAPÓWKI

Raz boginki trzy tu były
I bez przerwy się kłóciły;
Która najpiękniejszą jest,
Aż dostały Paris test.

"Piękny taki i był wszędzie,
Niech więc naszym sędzią będzie.
Expert on w kobietach jest,
Więc się pozna na nas też."

Łapówkami go nęcono
I nagrodę przepłacono;
Na Helenę mu wskazano;
Wojnę z Troją wywołano.

To w zamierzchłych czasach było;
Dotąd się nic nie zmieniło:
Od maleńkiej już dziewczynki,
Przekupiamy za malinki.

Jeśli babcia większe dała,
Będzie babcię wnet kochała.
Miłość mamy zapomniana,
Bo nie dała nic od rana.

Od maleńkiej przekupują,
A następnie się dziwują,
Że swiat łapówkowy mamy;
Nie zapłacisz - nic nie damy.

SASKIA AND THE DANCE

When I dance I never think,
For movement is the missing link,
Between me and the galaxy,
I promise it's not fantasy.

The cosmos tells of the sun's bright light,
How earth moves, both day and night,
How my mother was created,
And how to Grandma I'm related.

As I take all of this in,
I feel the knowledge through my skin,
I am part of the universe,
As in dancing I immerse.

People's power is very strong,
Not just on earth does it belong.
It reaches far to outer space,
Living with rhythm, style and grace.

Like God, it shows to us the way,
Clever and good will never stray.
Just wicked and stupid ones scream for war
Instead of dancing, letting their spirits soar.

SASKIA I TANIEC

Takie tańce głównie lubię,
W których się kompletnie zgubię.
Kiedy tańczę dookoła,
To mnie kosmos cały woła.

I mnie wtedy informuje,
Jak słoneczko operuje,
Jak się ziemia kręci sama,
Jak powstała moja mama...

Wszelkie wiadomości znam,
Filozofię w palcu mam.
Kosmos cały mną zawładnie,
Kiedy sobie tańczę ładnie.

Siła ludzka to potęga,
W galaktyki inne sięga,
Aby wszystko się kręciło
I w muzycznym rytmie żyło.

Tak jak Pan Bóg pokieruje,
Mądry człowiek nie zepsuje.
Tylko głupi wojny woła,
Zamiast tańczyć dookoła.

BORN UNDER THE SIGN OF LEO

Grandma looks after me, like I'm her cub,
She tickles and loves me and gives me a rub.
Grandpa is like a great lion too
But don't make him angry whatever you do.

Our pride is born 'neath the sign of Leo;
And don't you think we're a handsome trio?
Uncle Slavek's there too, to add to our crowd
And Iga and Sylvia, who chatter so loud.

There's so many lions under the sun
But we cannot love each single one,
For they do not shine like Grandma Krystyna
And none pings the heart strings like darling Saskyna.

But now settle down, I've a story to tell
Of Grandmother's mother, a lion as well,
Her beauty was legend, so filled with desire
If she asked it of folk, they would jump in a fire.

There were uprisings sadly all through the war;
Great Grandmother fought for peace to restore
And when it was over, she remembered the time
When she was beautiful, a Queen in her prime.

She passed on to us this credo of light:
'To fight any wrongs and make them all right!'
And then we will have Great Grandmother's blessing
Feeling her love, so warmly caressing.

Also Great Grandma would tell us each week:
'By all means be gentle, but never be weak!
When you crave justice for a cause pure and true;
Fight on, don't give up, whatever you do.'

My Grandma still hears this voice in her soul.
It gives her such power and strength and control.
She'll pass this to me, a lioness proud
To follow my dreams, not follow the crowd!

URODZONA POD ZNAKIEM LWA

Lwicą dużą jest Babunia,
Małe lwiątko to Sasunia.
Dziadek także duży lew,
Byle tylko nie wpadł w gniew.

Dużą grupę lwów tu mamy,
Wszyscy bardzo sie kochamy;
Wujek Sławek to lew słodki,
Iga, Sylwia lubią plotki...

Kilka innych lwów też znamy,
Ale tamtych nie kochamy
Tak aż bardzo jak Babunię
I naszą sliczną Sasunię.

Nie do wiary, co Wam powiem;
Prababunia Sasi bowiem
Była również lwicą panią,
Każdy w ogień chciał iść za Nią.

Całą wojnę przewalczyła,
Ciągle piękna, nie utyła.
A po wojnie wspominała,
Gdzie przed wojną balowała.

Przekazała nam w pamięci;
Walczyć, jesli Bóg poświęci
Cel tej walki patriotycznym,
Bohaterskim swiatłem ślicznym.

Również Babci przekazała,
Że nie wolno być nieśmiała;
Jeśli cel wyznaczysz sobie,
To masz walczyć nawet w grobie.

Babcia ciągle Jej głos słucha,
Głos ten jej dodaje ducha...
Wszystko to mi przekazuje
I na lwicę mnie musztruje.

SASKIA
IN ZAKOPANE

This horizon, cloudy scene,
Just reminds me where we've been;
Polish mountains, royal beauty,
Visit them is Grandma's duty.

Saskia was so happy there,
She danced with highlanders, not a care.
Though she didn't know their chatter
She loved their music, so does it matter?

Every night we'd dance and leap
And when it was the time to sleep,
She talked to horses who answered 'neigh'
And then with dogs she hoped to play.

At early dawn, if rain or shine,
She wants the mountains, this girl of mine.
She pulls my hand, her eyes both gleam,
She loves to paddle in a stream.

Such happy days we both would spend
But like all things, it has to end.
I took her home back to her mum
What will my Saskia's life become?

SASKIA W ZAKOPANEM

To horyzont, na nim chmury,
Wyglądają jak te góry...
Jakby burza miała być.
O Zakopcu chcę wciąż śnić.

Tam szczęśliwa Saskia była,
Z góralami nam tańczyła.
Chociaż ich nie rozumiała,
Ich muzykę uwielbiała.

Tańczyliśmy co wieczora !
Gdy do spania była pora
Z końmi jeszcze rozmawiała
I z pieskami bawić chciała.

A od świtu chce już w góry,
Nawet, gdy jest dzień ponury.
Już za rękę ciągnie mnie
I w strumyczku brodzić chce.

Tak nam czas upływał miło,
Ale wszystko się skończyło...
Trzeba już ją oddać mamie.
Co się z mą Sasunią stanie?